EXAMEN CRITIQUE

DU TRAITÉ THÉOLOGICO-POLITIQUE

DE

SPINOZA.

THÈSE

PRÉSENTÉE

A LA FACULTÉ DE THÉOLOGIE PROTESTANTE

ET SOUTENUE PUBLIQUEMENT

LE   JUILLET 1869, A   HEURES DU SOIR

POUR OBTENIR LE GRADE DE BACHELIER EN THÉOLOGIE

PAR

GUILLAUME LIEBRICH,

DE HERBITZHEIM (BAS-RHIN).

STRASBOURG,

IMPRIMERIE DE JEAN-HENRI-ÉDOUARD HEITZ,

RUE DE L'OUTRE, 5.

1869.

A MES PARENTS.

A MON ONCLE G. LIEBRICH *,

ancien professeur au Prytannée militaire de St-Cyr.

A M. ZIMMERMANN,

pasteur à Keeskastel (Bas-Rhin).

G. LIEBRICH.

FACULTÉ DE THÉOLOGIE PROTESTANTE.

M. Bruch ✳, Doyen de la Faculté.

MM. Bruch ✳,
Reuss ✳,
Schmidt ✳,
Colani,
Lichtenberger,
Sabatier.
} Professeurs.

M. Schmidt, Président de la soutenance.

MM. Schmidt,
Reuss,
Bruch,
} Examinateurs.

La Faculté n'entend ni approuver ni désapprouver
les opinions particulières au candidat.

EXAMEN CRITIQUE

DU TRAITÉ THÉOLOGICO-POLITIQUE

DE

SPINOZA.

INTRODUCTION.

Le traité théologico-politique, premier ouvrage original de Spinoza, fut publié pour la première fois, en 1670, à Amsterdam, sous le titre : *Tractatus theologico-politicus, continens dissertationes aliquot quibus ostenditur libertatem philosophandi non tantum salva pietate et reipublicæ pace posse concedi; sed eamdem nisi cum pace reipublicæ ipsaque pietate tolli posse.* Il portait en même temps cette épigraphe : *Per hoc cognoscismus quod in Deo manemus et Deus manet in nobis quod de Spiritu suo dedit nobis.*

«Proscrit, dit M. Saisset, dès son apparition, le traité théologico-politique ne put circuler que clandestinement et sous divers faux titres, destinés à donner le change à l'autorité.»

Voici une liste de ces titres :

1) *Danielis Heinsii P. P. operum historicorum collectio prima. Editio secunda priori editione multo emendatior et auctior. Lugduni Batavorum, apud Isaacum Herculis, 1675, in-8, 354 pages.*
2) *Fr. Henriquez de Villacorta M. Doc. a cubiculo Philippi IV, Caroli II archiatri opera chirurgica omnia. Sub auspiciis potent. Hispaniæ regis. Amstelodami, 1673, in-8.*
3) *Franc. de la Boe Silvii totius medicinæ idea nova. Edit. sec. Amstelod., 1675.*

Après la publication du *Tractatus theologico-politicus*, Spinoza écrivit sur les marges du livre un certain nombre de *notes* destinées à éclaircir ou à confirmer plusieurs points particulièrement combattus par les théologiens. Ces notes ont été publiées pour la première fois sous ce titre :

1) *Bened. de Spinoza adnotationes ad tract. theol. polit., ex autographo edidit ac præfatus est Christ. Theod. de Murr, imagine et chirograph. Hagæ Comitum, 1802, in-4.*
2) Une autre édition également annotée est celle de M. le docteur Doron, qui la publia sous ce titre :

> *Benedikt Spinozas Randglossen, zu seinem Tractatus theologico-politicus, aus einer in Kœnigsberg befindlichen noch ungedruckten Handschrift bekannt gemacht, von Dr. Wilhelm Dorow; mit einer Steindrucktafel, ein fac-simile der Handschrift des Spinoza enthaltend, Berlin, 1835.*

3) *R. de Spinoza Tractatus atque adnotationes ad trac-*
tatum theologico-politicum. Edidit Ed. Bœhmer,
Halle ad Salam, 1852.

Peu d'ouvrages firent autant de bruit, à leur apparition, que celui-ci. Ce fut à tel point que Spinoza fut dégoûté de plus rien donner au public. C'est assez dire que les jugements qu'il provoqua furent extrêmement hostiles et passionnés. En effet, Colerus, auteur d'une biographie de Spinoza, ne cite qu'un seul auteur qui lui fut favorable. «Un certain Philopater en fait, dit-il, si grand cas, qu'il semblerait que le monde n'eût jamais vu son pareil.»

Mais d'autre côté, dit le médecin Lucas de La Haye, ami de Spinoza, «ce livre suscita à son auteur un torrent de persécuteurs.»

Nous ne croyons pas sortir des limites de notre objet, en citant quelques fragments d'appréciations de ce livre de Spinoza, telles que nous les trouvons formulées chez ses «persécuteurs.»

Un certain *Spitzelius*[1], dans un traité qui a pour titre : *Infelix litterator*, s'exprime ainsi : «Cet auteur impie (Spinoza), par une présomption prodigieuse qui l'aveuglait, a poussé l'impudence et l'impiété jusqu'à soutenir que les prophéties ne sont fondées que sur l'imagination des prophètes ; qu'ils étaient sujets à l'illusion aussi bien que les apôtres, et que les uns et les autres avaient écrit naturellement selon leurs propres lumières, sans aucune

---

[1] Nous citons, sur la foi de Colerus, ministre de l'église luthé-rienne de La Haye, auteur d'une biographie de Spinoza, publiée à La Haye, MDCCVI, p. 181, in-8, sous ce titre : *La Vie de B. Spinoza*, tirée des écrits de ce fameux philosophe, et du témoignage de plusieurs personnes dignes de foi, qui l'ont connu particulièrement.

révélation ni ordre de Dieu, qu'ils avaient accommodé la religion, autant qu'ils avaient pu, au génie des hommes qui vivaient alors.... Si c'était véritable, bon Dieu! où en serions-nous?.... C'est alors qu'on pourrait bien dire que la sainte Bible n'est qu'un nez de cire qu'on tourne et forme comme on veut, une lunette ou un verre, au travers duquel un chacun peut voir justement ce qui plaît à son imagination, un vrai bonnet de fou qu'on ajuste et tourne à sa fantaisie de cent manières différentes après s'en être coiffé. Le Seigneur te confonde, Satan, et te ferme la bouche....»

«Nous estimons, dit un M. *Manseveld*, que ce traité doit être à jamais enseveli dans les ténèbres du plus profond oubli.»

Un autre, *Guill. Van Blyenberg*, dit à propos du même livre : «C'est un livre rempli de découvertes curieuses, mais abominables, dont la science, et les recherches ne peuvent avoir été puisées qu'en enfer.»

Enfin, Colerus lui-même déclare avoir lu avec application le livre de Spinoza, depuis le commencement jusqu'à la fin; «mais je puis protester devant Dieu de n'y avoir rien trouvé de solide.... Au lieu de preuves solides, on y trouve des suppositions et ce qu'on appelle dans les écoles *petitiones principii*. Les choses mêmes qu'on avance y passent pour preuves, lesquelles étant niées et rejetées, il ne reste plus à cet auteur que des mensonges et des blasphèmes. Sans être obligé de donner ni raison, ni preuve de ce qu'il avançait, voulait-il de son côté obliger le monde à le croire aveuglément sur parole?

Nous ne nous arrêterons pas à énumérer tous les savants dont la plume fut mise en mouvement par la publication du traité en question. Pour en finir, nous citerons encore l'opinion émise par le docteur *Musœus*, professeur de théologie de la Confession d'Augsbourg à Iena, qui publia, en 1674, une dissertation en 12 feuilles sous ce titre : *Tractatus theologico-politicus ad veritatis lumen examinatus*.

«Le diable, y est-il dit entre autres, séduit un grand nombre d'hommes qui semblent tous être à ses gages et s'attachent uniquement à renverser ce qu'il y a de plus sacré au monde. Cependant il y a lieu de douter si parmi eux, aucun a travaillé à ruiner tout droit humain et divin avec plus d'efficacité que cet imposteur qui n'a eu d'autre chose en vue que la perte de l'Etat et de la religion.»

En attendant qu'un examen consciencieux et libre de tout préjugé nous permette de reconnaître et de juger jusqu'à quel point ces appréciations sont fondées, il est juste que nous laissions aussi un peu la parole à Spinoza lui-même, qui s'attendait plus ou moins à un pareil accueil de ses idées, et repousse d'avance, dans son traité, les accusations d'impiété et d'athéisme, ainsi que celle d'être un perturbateur de l'ordre moral et politique.

«Quiconque voudra bien y réfléchir, dit-il, loin de trouver dans ce que j'ai dit, rien de contraire à la parole de Dieu, à la vraie religion et à la foi, ou qui puisse l'infirmer, verra au contraire que je ne fais que la raffermir (Ch. X, fin).

«S'il n'en été pas ainsi, j'aurais fermement résolu de garder le silence sur ces questions, et, pour échapper à toutes ces difficultés, je me serais empressé de reconnaître que l'Ecriture renferme les plus profonds mystères....» et ailleurs «....Ce que je sais c'est que je n'ai rien avancé qui soit indigne de l'Ecriture ou de la parole de Dieu ; il n'y a aucune de mes assertions dont je n'aie démontré la vérité par les raisons les plus évidentes, et je puis par conséquent affirmer, avec certitude, que je n'ai rien dit qui soit impie ou qui sente l'impiété.... Qu'on cesse donc de nous accuser d'impiété, nous qui n'avons rien dit contre la Parole de Dieu, qui ne l'avons pas souillée, et que la juste colère, qu'on peut avoir, retombe sur les anciens, dont la malice a profané et corrompu l'arche de Dieu, le temple, la loi et toutes choses saintes. »

A entendre ces affirmations si contradictoires, sans être autrement initié dans les éléments du procès, on se poserait volontiers ce dilemme :

Ou bien les accusateurs de Spinoza ne furent que des sots abusés et alarmés, plus par la forme, que par le fond d'un ouvrage qui s'écartait quelque peu du style et de la théologie d'alors ; ou bien, Spinoza use d'équivoque et veut faire passer, à la faveur de solennelles déclarations de piété, des idées qui, au fond, étaient contraires à la piété et à la religion. Mais aucune des branches de ce dilemme n'est admissible. Car, d'abord le caractère de Spinoza ne nous permet nullement de suspecter sa sincérité. Ce qu'il affirmait, il le croyait fermement ; il croyait sincèrement, dans son traité théologique, défendre la cause de la vraie religion et de la piété ; ensuite, quant à ses adversaires, nous sommes d'autant plus en devoir de nous incliner devant leur perspicacité, que l'examen auquel nous nous sommes livré, a servi, en grande partie, à confirmer leur jugement.

Il y a, en effet, religion et religion, il y a piété et piété. Ce que les adversaires de Spinoza entendent par religion, est pour lui un amas de préjugés et d'absurdes mystères; ce qu'ils appellent piété, est pour lui cérémonies et pratiques superstitieuses, et *vice versa* ; ce que Spinoza entend par la vraie religion, se perd, pour ses adversaires, dans une conception si abstraite, qu'ils lui objectent, non sans raison, que ce n'est plus de la religion ; ce qu'il entend par piété est de même, pour eux, un sentiment tellement vague et insaisissable, qu'il semble s'évanouir devant le moindre examen, et perdre toute réalité comme une bulle de savon qui crève sous un rayon de soleil.

C'est dans la différence de définition de la religion et de la piété, ou, pour nous élever un peu plus haut, dans une conception totalement différente de Dieu et de l'homme et des rapports qui les unissent, que nous paraît résider le secret du litige entre Spinoza et les théologiens de son époque, entre les rationalistes et les confessionalistes ou orthodoxes.

Nous bornons là, pour le moment, nos observations par lesquelles nous avons soulevé un peu le coin du rideau, et laissé entrevoir les conclusions de notre examen critique, pour dire en peu de mots la marche que nous avons suivie dans cette étude.

D'abord nous avons tâché de nous rendre compte du *but* de Spinoza, ainsi que des *motifs* qui l'engagèrent à publier son traité théologico-politique (ch. I.)

Puis nous nous sommes demandé comment il s'y es pris pour atteindre son but, c'est-à-dire quelle fut sa *méthode* (ch. II.)

Cette méthode comprise, nous avons glané et réuni en gerbe les *résultats* auxquels il est arrivé chemin faisant (ch. III.)

8

Enfin, ramassant les fils épars de nos observations critiques, nous avons ramené à quelques points fondamentaux les pensées que nous a suggérées la lecture de ce traité, et nous avons essayé de les présenter de telle façon qu'elles pussent servir de *conclusions* à notre travail.

Si la difficulté de la tâche ne nous a pas permis de réaliser ce programme dans toute son étendue, la faute en aura été moins à notre bonne volonté, qu'à l'exiguité de nos forces.

Avant d'entrer définitivement en matière, il nous reste une réserve à faire. Le traité théologico-politique, comme son nom même le donne clairement à entendre, s'occupe de deux ordres d'idées; les unes appartenant à la théologie, les autres à la politique. Vu la destination particulière de ce travail, nous ne nous sommes pas cru autorisé à suivre Spinoza jusque sur le terrain de la politique. Nous avons dû borner notre curiosité à ses considérations sur la religion, ou la théologie. Il nous a été d'autant plus facile d'opérer cette dissection, que Spinoza a, dans la division de son livre, soigneusement distingué les deux éléments, en consacrant, sur 20 chapitres, les 15 premiers presque exclusivement à la théologie, et les 5 derniers à la politique. Nous ignorerons donc complétement tout ce qui ne rentre pas directement dans le cadre, encore assez vaste du reste, de la théologie.

CHAPITRE Ier.

But de l'auteur du Traité théologico-politique. Motifs qui l'ont engagé à la publication de ce livre.

Le *but* que Spinoza s'était proposé dans son fameux Traité qui fut si mal accueilli de la plupart de ses contemporains, est jusqu'à un certain point le même que celui dont l'esprit moderne poursuit avec tant d'ardeur et de succès la réalisation, savoir : *la légitimité et le besoin de la libre pensée en matière de religion*[1], et sa conséquence naturelle la tolérance, la liberté de conscience. Nous disons, *jusqu'à un certain point*, parce qu'en effet entre l'esprit de Spinoza et entre l'esprit moderne, tel qu'il s'affirme vulgairement, il y a une différence que nous ne saurions passer sous silence, d'autant moins qu'elle peut servir à caractériser notre philosophe. Car, tandis que dans notre siècle un certain parti assez considérable qui s'arroge le nom de libres penseurs ne parle que d'une recherche désintéressée de la vérité, c'est-à-dire d'une recherche qui se soucie très-peu, ou point du tout de la morale et de la religion et paraît considérer de plus en plus celle-ci comme une mode surannée bonne encore, peut-être pour en affubler des enfants et de vieilles femmes, Spinoza prend en main ici, la défense de la religion du moins de ce qu'il croit la vraie religion. C'est au nom de la religion, au nom de la vraie piété qu'il attaque ceux qui en ont fait «un amas d'absurdes mys-

---

[1] Nous rappelons que nous ne tenons compte dans notre travail que de la partie théologique.

tères»[1] qui, au nom d'une religion de paix, d'amour, persécutent leurs semblables, et il se fait fort de prouver irréfutablement que la liberté de penser, ou, comme il s'exprime, de philosopher, loin d'être un obstacle à la vrai piété, lui est au contraire nécessaire, indispensable.

Pour ne laisser subsister aucun doute sur les intentions de Spinoza, nous traduisons littéralement le titre assez étendu de son traité :

Traité theologico-politique, contenant plusieurs dissertations, où l'on fait voir que la liberté de philosopher, non-seulement est compatible avec le maintien de la piété et la paix de l'Etat; mais même qu'on ne peut la détruire sans détruire en même temps et la paix de l'état et la piété elle-même.

Dès l'abord tout malentendu est donc impossible ; le but que Spinoza s'est posé est parfaitement clair, sauf peut-être l'équivoque qui pourrait résulter pour le lecteur non prévenu, d'une définition de la religion et de la piété, qui ne s'accorderait pas parfaitement avec le sens que Spinoza attache à ces mots. — Pour faire disparaître dès maintenant cette seule cause d'obscurité, nous dirons que Spinoza renferme la piété tout entière dans l'exercice de la charité et de l'équité[2]. Pour lui, la religion se résume donc dans l'observation de cet unique précepte : aimez votre prochain et accomplissez envers lui les devoirs qu'il a le droit d'exiger de vous. Il applique donc à la religion, dans toute sa rigueur, ce mot du Seigneur :

[1] Voir la préface.
[2] V. p. 531 de son traité, trad. Saisset.

Vous les reconnaîtrez à leurs fruits; et cet autre, Matth. 7, 12 «tout ce que vous voulez».... c'est-à-dire, selon lui, la religion, ou ce qui, à ses yeux, est équivalent, la théologie est avant tout pratique et n'a rien à faire avec la spéculation, n'a rien à y voir. Peu importe ce que vous croyiez que vous soyez juif, chrétien, païen ou mahométan, votre religion est bonne si vous aimez votre prochain et si vous remplissez envers lui les devoirs de l'équité.

La philosophie et la théologie n'ont donc absolument rien de commun. Au philosophe la recherche de la vérité, de ce qui est, a été et sera toujours; au théologien le soin de moraliser les masses, de leur prêcher la vertu et le devoir, et celui-là seul sera dans le vrai, qui réussira le mieux à se faire écouter et obéir, qui répandra autour de soi la paix et les bonnes mœurs.

Suum cuique. — D'après ce que nous venons de dire, il est clair que la démonstration de sa thèse capitale: la théologie n'a rien de commun avec la philosophie et encore moins à lui commander, dépend uniquement de la solution de ce grave problème: Est-il vrai, oui ou non, que la religion consiste uniquement dans la morale, qu'elle n'a de droit que sur la vie pratique, toute spéculation en est-elle exclue? Si Spinoza prouve irréfutablement l'affirmative, alors il a complétement atteint son but, alors la théologie n'a plus qu'à porter le deuil de ses anciennes prétentions et se contenter du rôle encore assez beau, mais bien plus humble de mener paître les moutons qui ne sauraient se passer de sa surveillance; tandis que la philosophie rassemblerait autour d'elle tous les esprits qu'une saine raison a émancipés de la tutelle incertaine des passions et des préjugés. Si, au contraire, il ne réussit pas à nous convaincre, alors l'échafaudage de sa démonstration aura beaucoup perdu de sa solidité; il lui manquera une base solide et avec elle la clef de voûte qui devrait faire de son œuvre un tout inébranlable; semblable à ces ruines antiques des temples grecs qui élèvent vers le ciel des colonnes isolées admirables, mais où l'œil cherche en vain le toit qui les recouvrait et qui les réunissait en un tout aussi solide que gracieux.

L'exposition de sa méthode servira déjà un peu à éclaircir ce point capital.

Mais avant de nous y engager nous voulons en peu de mots exposer les *motifs* qui ont déterminé Spinoza à s'occuper si activement d'une question aussi complexe et aussi délicate que l'est de nos jours et que l'était à plus forte raison de son temps, celle de la liberté de pensée et de la conscience.

Ces MOTIFS nous ont paru être de deux sortes : les uns *personnels*, les autres émanant de considérations plus *générales* et plus élevées.

Les *motifs personnels* nous paraissent nés du besoin de justifier sa manière d'agir vis-à-vis de la religion de ses pères (ses parents étaient juifs) et de protester contre les mesures exceptionnelles, dont il fut l'objet de la part des chefs de la synagogue d'Amsterdam[1]. — Quoique Spinoza n'y fasse nulle part une allusion directe, nous avons cru les reconnaître à la teinte d'aigre ironie que prend quelquefois son style, quand il signale les abus et les préjugés qu'il veut combattre. Mais laissons-le parler : après

---

[1] Vers 1662 il fut excommunié pour athéisme et impiété.

avoir énuméré un certain nombre d'abus entrés dans l'Eglise, il s'anime de plus en plus et éclate enfin : «De là les disputes, les jalousies et ces haines implacables que le temps ne peut effacer. Il ne faut point s'étonner après cela qu'il ne soit resté de l'ancienne religion que le culte extérieur (qui en vérité est moins un hommage à Dieu qu'une adulation) et que la foi ne soit plus aujourd'hui que préjugés et crédulité. Et quels préjugés? Grand Dieu! Des préjugés qui changent les hommes d'êtres raisonnables en brutes, en leur ôtant le libre usage de leur jugement, le discernement du vrai et du faux et qui semblent avoir été forgés tout exprès pour éteindre, pour étouffer le flambeau de la raison humaine. — La piété, la religion sont devenus un amas d'absurdes mystères, et il se trouve que ceux qui méprisent le plus la raison, qui rejettent, qui repoussent l'entendement humain comme corrompu dans sa nature, sont justement, chose prodigieuse, ceux qu'on croit éclairés de la lumière divine. Mais en vérité, s'ils en avaient seulement une étincelle, ils ne s'enfleraient pas de cet orgueil insensé; ils apprendraient à honorer Dieu avec plus de prudence et ils se feraient distinguer par des sentiments non de haine, mais d'amour; enfin *ils ne poursuivraient pas avec tant d'animosité ceux qui ne partagent pas leurs opinions,* et si, en effet ce n'est pas de leur fortune, mais du salut de leurs adversaires qu'ils sont en peine, ils n'auraient pour eux que de la pitié[1]. — Et ailleurs (p. 54) : «Hélas! je le sais, les choses en sont venues à ce point que des hommes qui osent dire ouvertement qu'ils n'ont point l'idée de Dieu, et qu'ils ne

---

[1] P. 8, préface.

connaissent Dieu que par les choses créées ne rougissent pas d'accuser les philosophes d'athéisme.»

Les *motifs généraux* sont exposés avec plus de calme. — «Je me suis souvent étonné, dit-il (p. 7) de voir des hommes qui professent la religion chrétienne, religion d'amour, de bonheur, de paix, de continence, de bonne foi, se combattre les uns les autres avec une telle violence et se poursuivre d'une haine si farouche que c'est bien plutôt par ces traits qu'on distingue leur religion que par les caractères que je disais tout à l'heure. Car les choses en sont venues à ce point qu'on ne peut guère plus distinguer un chrétien d'un turc, d'un juif, d'un païen que par la forme extérieure et le vêtement, ou bien en sachant quelle église il fréquente ou enfin qu'il est attaché à tel ou tel sentiment ou jure sur la parole de tel ou tel maître. Mais quant à la pratique de la vie je ne vois entre eux aucune différence. En cherchant la *cause de ce mal* j'ai trouvé qu'il vient surtout de ce qu'on met les fonctions du sacerdoce, les dignités, les devoirs de l'Eglise au rang des avantages matériels, et que le peuple s'imagine que toute la religion est dans les honneurs qu'il rend à ses ministres.... Enfin (p. 9) il résume ses motifs en quelques mots: «Ayant considéré toutes ces choses ensemble, savoir que la lumière naturelle est non-seulement méprisée, mais que plusieurs la condamnent comme source de l'impiété, que des fictions humaines passent pour des révélations divines et la crédulité pour la foi, enfin que les controverses des philosophes soulèvent dans l'Eglise les passions les plus ardentes, d'où naissent les haines, les discordes et à leur suite les séditions, sans parler d'une foule d'autres maux qu'il serait trop long d'énumérer ici, j'ai formé le dessein....»

En résumant ces diverses considérations, nous reconnaissons que Spinoza avait entrepris sa tâche pour deux raisons principales :

D'abord, parce qu'il éprouvait le besoin, ou du moins reconnaissait l'utilité de réformer des erreurs et des préjugés dangereux et pour l'individu et pour la société.

En second lieu, parce qu'il avait la conviction que ces erreurs et ces abus découlaient tous d'une conception fausse de ce qui constitue l'essence de la religion.

Comme nous avons déjà essayé plus haut de mettre en lumière le second point nous n'y reviendrons pas ; mais nous ne saurions passer outre sans mettre un peu le doigt sur les erreurs auxquelles Spinoza fait allusion et qu'il veut combattre.

Ces erreurs se tiennent et se supposent l'une l'autre ; elles sont le développement logique d'une idée ; ou encore, elles sont comme les éléments d'une circonférence : un arc de cette circonférence étant donné, ou son rayon, on peut construire sans peine la circonférence entière. De même la théologie se meut dans un cercle et ce cercle est, suivant Spinoza un cercle d'erreurs, et parmi ces erreurs il en est une qui joue à peu près le même rôle que le rayon recteur dans la genèse de la circonférence ou du cercle,

> Partout invisible et présente,
> Elle est de ce grand corps l'âme toute-puissante.

Cette erreur fondamentale réside dans le dogme de l'inspiration pleine et entière, littérale jusqu'à la ponctuation des Saintes-Écritures.

On pourrait objecter que ce n'est pas là le dogme fondamental de la théologie ; mais qu'il en est un autre qui lui sert de base et occuperait par conséquent un rang plus élevé, savoir : l'incapacité de l'homme, par suite du péché originel, de s'élever par les propres forces de son esprit à la connaissance de la vérité, de celle de Dieu et de nos devoirs envers lui. Mais n'est-on pas obligé de demander ici : qui vous a dit cela? qui vous permet d'affirmer ce principe? et la réponse ne pourra être que celle-ci : c'est l'Ecriture. Mais enfin, pourquoi le croyez-vous? Parce que l'Ecriture est une autorité infaillible, Dieu lui-même l'ayant dictée. De cette façon on tourne donc dans un cercle perpétuel qui suppose partout et toujours comme point de départ, l'inspiration divine de l'Ecriture. Cette circonstance n'avait pas échappé à Spinoza; aussi l'entendons-nous dire avec étonnement : «quand ils commencent l'explication de l'Ecriture et la recherche de son vrai sens, ils partent de ce principe que l'Ecriture est toujours véridique et divine. Or, c'est là ce qui devrait résulter de l'examen sévère de l'Ecriture bien comprise.»

Or, de ce seul principe découlent nécessairement des dogmes tels que ceux-ci : Dictée de la parole de Dieu aux prophètes, élection des hébreux, conservation miraculeuse de la Bible, accomplissement de miracles renversant l'ordre de la nature, etc., etc. ; dogmes qui ne sont rien moins que fondés... De plus, quant à l'homme, son impuissance à s'élever à la connaissance de la vérité par ses propres forces, l'oblige à une soumission aveugle à la vérité révélée à lui dans les Ecritures. Ce sont elles par conséquent, qui doivent contrôler les résultats de ses recherches scientifiques ou philosophiques et le guider dans ces recherches elles-mêmes. Du même principe il ressort avec une égale évidence que la science de la Bible, de la révélation, c'est-à-dire la théologie l'emporte de beaucoup sur la spéculation libre, c'est-à-dire sur la philosophie, autant que la vérité l'emporte sur le doute. De là enfin, ce que la philosophie repousse avec tant de force, de là la nécessité pour la théologie de surveiller la philosophie, de l'empêcher de s'écarter de la norme tracée par la Bible; car tout essai de chercher la vérité en dehors de cette source divine, est déjà par lui-même une rébellion contre la volonté de Dieu, et celui qui s'en rend coupable, doit être, comme perturbateur de tout ordre moral, comme un être impie et dangereux pour la société, combattu à outrance, et au besoin, réduit à l'impuissance et au silence par la force, *ad majorem Dei gloriam !*

Tels étaient, tracés à grands traits, les erreurs et les préjugés funestes qui régnaient presque sans partage au nom de la religion et que Spinoza croyait devoir combattre, et qui le dirait? également au nom... de la vraie religion, de la religion dégagée de tous les vieux oripeaux, dont l'ignorance et la stupidité des siècles précédents l'avaient revêtue.

Si du point où nous sommes arrivés, nous jetons un coup d'œil sur le chemin parcouru, nous reconnaissons qu'en réalité le but de Spinoza était double, il avait un côté négatif et un côté positif; il voulait non-seulement renverser, mais aussi bâtir; d'un côté renverser des erreurs et des préjugés qu'il croyait funestes; mais aussi de l'autre, mettre à leur place un, ou des principes dont l'observation devait faire autant de bien que les idées (qu'ils devaient remplacer) avaient causé de maux.

Quelles seront maintenant les réflexions que peut suggérer une pareille entreprise? Nous croyons qu'on ne saurait refuser à l'œuvre de Spinoza, l'intérét qu'inspire toujours une actualité saisissante; et il nous semble que les motifs qui l'ont inspiré ont droit à tout notre respect.

L'histoire même de Spinoza, son excommunication, l'accueil que trouva presque partout son traité théologico-politique, prouvent qu'il avait touché une plaie vive ; de même il ne serait pas difficile de trouver dans l'histoire contemporaine de Spinoza, des arguments d'une grande force en faveur d'une revendication de la liberté de conscience, comme notre philosophe n'a pas craint de la faire entendre. — Sans doute de nos jours la question n'est plus la même et c'est remuer de la vieille ferraille que de retourner à des ouvrages qui datent de 2 siècles ; mais si cela est, ce n'est que parce que l'esprit moderne a marché sur les traces de l'illustre penseur, et s'est familiarisé avec des idées dont la profession demandait alors beaucoup de courage et de désintéressement. Du reste, une pareille étude, nous persistons à le croire, ne saurait, même de nos jours, être entièrement inutile et n'avoir d'intérét que pour une oiseuse curiosité; car elle rend attentif à des erreurs qui n'ont pas complétement disparu, il s'en faut, et de plus, elle a toujours l'avantage de fixer la pensée sur des problèmes non encore résolus, malgré les progrès incontestables qu'a faits depuis, la théologie, mais de la solution desquels il ne faut pas désespérer parce que la découverte s'en fait attendre.

Quant à ses *motifs*, nous l'avons déjà dit, nous ne saurions leur refuser l'humble tribut de notre respect; parceque ces motifs sont puisés dans un ardent amour de la vérité et dans une haine non moins forte pour toute injustice, pour l'esclavage sous quelque forme qu'il se présente et pour l'hypocrisie.

Nous avons promis de dire comment Spinoza s'y est pris, quelle méthode il a suivie pour atteindre le but qu'il s'était proposé. Ce sera là l'objet du chapitre II.

CHAPITRE II.

Méthode.

Nous avons dit plus haut que le but de Spinoza était double ; d'un côté faire justice d'erreurs pernicieuses, de l'autre, mettre à leur place de quoi les remplacer avantageusement, faire disparaître, en un mot, les ombres du mensonge et de la superstition devant l'astre radieux de la vérité.

Pour atteindre ce but, deux voies se présentaient à lui. — la première, un peu longue, il est vrai, mais qui, croyons-nous, aurait eu pour elle l'immense avantage d'une plus grande clarté, aurait consisté à consacrer une première partie de son travail uniquement à la critique, et une seconde à la démonstration de sa propre thèse.

La seconde, plus courte, mais un peu plus difficile à déchiffrer, consistait à faire marcher de front les deux, critique et démonstration, de manière à pouvoir conclure presqu'en même temps, et par la défaite et la condamnation de ses adversaires et par un chant de triomphe sur sa propre victoire. Cette manière de procéder avait pour elle l'avantage d'un intérêt plus dramatique et de forcer le lecteur à une attention plus soutenue. C'est celle que Spinoza a préférée.

En tous cas, en choisissant l'une ou l'autre voie, il ne pouvait se dispenser de faire entrer dans la discussion, et cela dans la plus large mesure, un élément, qui précisément prête à son traité une grande partie de son intérêt.

Nous nous expliquons. — Il s'agissait pour Spinoza de revendiquer la liberté de conscience contre les théologiens qui la refusaient, et la refusaient pourquoi? au nom de qui ou de quoi? Au nom d'un livre, qui, disaient-ils, renfermait toute la vérité, et qui, par conséquent, devait faire loi partout et en tout, et sous lequel la raison humaine n'avait qu'à se plier. La théologie seule avait la clef du sanctuaire de la vérité, hors de là point de salut. — Si donc Spinoza tenait à convaincre ses adversaires, il lui fallait absolument s'appuyer sur la même autorité qu'eux, puisqu'en dehors d'elle, ils n'en reconnaissaient aucune autre. Il devait prendre en main la Bible et leur prouver, par elle, et seulement par elle, que cette autorité, sur laquelle ils se fondaient, prouve précisément le contraire de ce qu'ils avançaient. — C'était là une entreprise grosse de périls et qui exigeait beaucoup de science, de pénétration et de vue d'ensemble. Spinoza ne recula pas devant ces difficultés. Nous verrons tout à l'heure comment il s'en est tiré. — C'est probablement cette tournure de la discussion qui a fait dire à Spizelius que de cette façon, la «sainte Bible n'est plus qu'un nez de cire qu'on tourne et qu'on forme, comme on veut, — un vrai bonnet de fou qu'on ajuste et tourne à sa fantaisie en cent manières différentes après s'en être coiffé.» Spinoza devait donc s'appuyer presqu'uniquement sur la même base que ses adversaires ; les forcer de rendre leurs armes en les suivant jusque sur leur propre terrain.

Nous voyons donc ici le débat entre la philosophie et la théologie, ou plutôt entre la libre-pensée et l'intolérance; se simplifier considérablement ; puisqu'au fond il se résume en une question d'exégèse, qu'il ne s'agit plus que de trouver le vrai sens de l'Écriture. Aura raison celui qui démontrera le plus clairement et le plus irréfutablement, qu'il a pour lui l'autorité de la Bible. — Au premier abord, cela peut paraître très-simple et on croit pouvoir espérer de voir le débat tranché en un instant. Mais il ne faut pas oublier que cette Écriture sur laquelle les deux partis fondent leur argumentation, peut prêter à des interprétations fort diverses selon le point de vue auquel on se place et selon la méthode qu'on emploie.

Les points de vue peuvent être de trois espèces:

1° Considérer d'avance la Bible comme émanée directement de Dieu et renfermant en substance toute vérité.

2° N'y voir qu'une anthologie, un recueil littéraire comme un autre et ne se distinguant d'un autre que par le langage et les idées religieuses qu'elle exprime.

3° Une réserve sceptique qui n'affirme rien qu'après un examen consciencieux. Celui qui aura adopté le premier point de vue sera disposé à voir partout où son esprit est confondu, des mystères profonds, devant lesquels il faut s'incliner avec respect ; il ne saura expliquer ni rendre compte d'aucune des nombreuses erreurs et contradictions qu'on rencontre dans la Bible.

Celui au contraire qui n'y voit qu'un recueil littéraire qui doit une grande partie de son intérêt à sa haute antiquité, méconnaîtra facilement la haute valeur morale et religieuse de son contenu et négligera des questions d'un intérêt capital.

Enfin, nous croyons que celui-là seul qui saura faire

abstraction de tout préjugé pourra, s'il emploie en même temps une méthode sûre, arriver à des résultats définitifs. C'est ce dernier point de vue que Spinoza a choisi, ou croit avoir choisi, car, à notre avis il ne lui est pas complétement resté fidèle.

Il s'exprime en effet à ce sujet en ces termes : « Nous avons formé le dessein d'instituer un examen nouveau de l'Écriture et de l'accomplir d'un esprit libre et sans préjugés, en ayant soin de ne rien affirmer, de ne rien reconnaître comme la doctrine sacrée que ce que l'Écriture elle-même m'enseignerait très-clairement. »

Autant qu'il y a de points de vue, autant il y aura nécessairement de méthodes et la différence des méthodes dans l'interprétation sera un nouvel élément de divergence dans les résultats.

C'est ainsi que les uns supposeront, pour découvrir le vrai sens de l'Écriture, la nécessité d'une lumière surnaturelle, d'un don spécial accordé par Dieu aux fidèles. A cela nous objectons avec Spinoza : Si cette prétention était fondée, alors les infidèles et les méchants auxquels les prophètes et les apôtres étaient habitués à s'adresser, eussent été incapables de comprendre leurs paroles; et de plus, à quoi aurait-il servi que Moïse établît des lois, si les fidèles seuls qui n'ont besoin d'aucune loi, eussent été capables de les entendre. Il paraît donc certainement, conclut Spinoza en raillant, que ceux qui pour entendre les prophètes, cherchent une lumière surnaturelle, ne sont pas suffisamment éclairés de la naturelle. »

D'autres disent qu'il faut contrôler l'Ecriture par la raison. Il n'y a pas, disent-ils, un seul passage dans l'Ecriture qui ne soit susceptible de sens divers et contraires ; il est impossible d'être assuré du véritable si l'on n'a la preuve que l'interprétation qu'on propose ne contient rien qui ne soit d'accord avec la raison. Car s'il se trouve que le sens littéral, quoique parfaitement clair en soi, choque la raison, il faut l'abandonner pour en chercher un autre.

Spinoza repousse l'une et l'autre de ces deux méthodes ; l'une comme absurde, l'autre non-seulement comme absurde aussi, mais comme inutile et dangereuse, car de cette manière, dit-il, en faisant allusion surtout à la méthode rationaliste, il serait permis à tout le monde d'interpréter l'Ecriture selon ses préjugés, de la torturer à son gré, d'en rejeter le sens littéral, pour y substituer un sens plus ou moins arbitraire. Nous n'avons garde de vouloir justifier ces deux méthodes, d'autant moins que cela nous éloignerait de notre sujet. Car ce qui doit nous intéresser avant tout, c'est la méthode que propose Spinoza. Cette méthode mérite d'autant plus de fixer notre attention, qu'elle seule pourra nous expliquer, comment il a pu arriver à des résultats si diamétralement opposés à ceux de la théologie de son temps.

Pour en donner une idée générale, citons tout simplement Spinoza, qui, reconnaissant que de l'intelligence et de l'admission de sa méthode pour interpréter l'Ecriture, dépend la solidité de toutes ses autres démonstrations, met à l'exposer, à la justifier, à en expliquer toutes les difficultés, un soin minutieux.

Dans un chapitre (le 7e) consacré uniquement à la manière d'interpréter l'Ecriture, il dit : « Pour caractériser en peu de mots notre pensée, nous croyons que la méthode pour interpréter sûrement la Bible, loin d'être différente de la méthode d'interpréter la nature, lui est au contraire parfaitement conforme. Quel est, en effet, l'esprit de la méthode d'interprétation de la nature? Elle consiste à tracer avant tout, une histoire fidèle de ses phénomènes, pour aboutir ensuite, en partant de ces données certaines, à d'exactes définitions des choses naturelles. Or, c'est exactement le même procédé qui convient à la Sainte-Ecriture. Il faut premièrement en faire une histoire fidèle et se former ainsi un fonds de données et de principes bien assurés, d'où l'on déduira plus tard, la vraie pensée des auteurs de l'Ecriture par une suite de conséquences légitimes. »

On voit, d'après cette citation, que Spinoza considère provisoirement le contenu de la Bible comme un monde à part, soumis à des lois entièrement différentes de celles qui régissent le nôtre, où les choses se passent tout autrement que chez nous. Il entre jusqu'à un certain point dans la pensée de ses adversaires en ayant l'air de dire : Vous me parlez de prophètes, d'hommes divinement inspirés au sujet de vérités qui sont au-dessus des forces de l'entendement humain, soit ! je vous l'accorde ; aussi je ne consulterai que l'Ecriture seule ; je ne me permettrai d'autres conclusions que celles qu'une étude attentive de l'Ecriture légitimera ; je procéderai d'abord du particulier au général et quand je serai parvenu à la hauteur des principes qui forment le fond du contenu de la Bible, au moyen de ces principes, je pourrai raisonner comme sur n'importe quelle définition géométrique. Ils serviront à mettre en lumière tout le reste [1].

[1] Remarquons de suite que Spinoza, dans cette étude, ne fait aucune distinction entre l'Ancien et le Nouveau-Testament. Rigoureusement, on

Pour nous faire une idée claire de cette manière de procéder, citons un exemple : Il s'agit des prophètes. À leur sujet il remarque entre autres, qu'*Abraham* ignorait que Dieu est partout et que sa prescience s'étend à toutes choses ; que *Moïse* ne comprenait pas parfaitement bien que Dieu sait tout et qu'il dirige toutes les actions des hommes par un seul décret ; *Jonas* crut échapper à la présence de Dieu ; *Samuel* croyait que Dieu, après avoir pris une résolution ne s'en repentait jamais ; à *Jérémie* au contraire, il fut révélé que Dieu, quand il avait pris un dessein favorable ou contraire à quelque nation s'en *repentait* ensuite, si avant l'accomplissement de son décret les hommes de cette nation changeaient pour dégénérer ou devenir meilleurs. — Selon la doctrine de *Joël*, Dieu ne se repent que du tort qu'il a fait. — Nous pourrions multiplier ces citations, toutes accompagnées de nombreux textes à l'appui. Voilà donc des données, des particularités incontestables, qu'on ne saurait nier à moins de fermer les yeux à dessein. Or, Spinoza en conclut à ce principe qui sera pour lui d'un grand poids : que Dieu a proportionnné ses révélations à l'intelligence et aux opinions des prophètes, que *les prophètes ont pu ignorer les choses qui touchent à la spéculation* et qui n'ont point rapport à la charité et à la pratique de la vie qu'il ne faut donc point leur demander la connaissance des choses naturelles et spirituelles ; que nous ne sommes tenus de croire aux prophètes que dans les choses qui sont l'objet et le fond de la révélation ; en tout le reste, libre à chacun de croire ce qu'il lui plaît. — Et comme

---

ne saurait lui en faire un grave reproche, parce qu'en cela il ne fait que se mettre au point de vue des théologiens de son temps.

s'il craignait que tous ces exemples ne fussent pas des preuves suffisantes pour ce qu'il avance, il cite entre autres exemples celui du Christ. Quand il dit à ses disciples (Matth. 18, v. 10) : «Prenez garde de ne pas mépriser un seul de ces petits, car je vous dis que leurs anges sont dans le ciel,» il n'a ici d'autre objet que d'apprendre à ses disciples à ne pas être superbes, à ne mépriser personne, et *non pas à leur enseigner aucune des choses qu'il ajoute à ce conseil, afin de les mieux persuader.* — Nous observons ici, que Spinoza lui-même fait ici violence au texte, car celui-ci ne nous permet nullement d'admettre que Jésus pouvait ne pas croire aux anges. Cet exemple ne nous montre donc, pas seulement ce qu'il entend par une histoire fidèle de l'Ecriture, au moyen de laquelle on se fait un fonds de données et de principes bien assurés ; mais nous y voyons aussi glisser dans son interprétation de la Bible un élément qui n'avait rien à y faire et qui prête à tous ses résultats une teinte équivoque, tout en présentant les prophètes dans un jour peu favorable ; nous voulous dire, l'*accomodation*, que lui-même a caractérisée en termes clairs et frappants. «Moïse ordonne aux Israélites d'aimer Dieu et d'observer la loi, les effrayant par des menaces terribles s'ils transgressaient ses ordres, et leur promettant s'ils y étaient dociles une foule de biens. C'était, comme on voit, leur *enseigner la vertu comme les pères font aux enfants encore privés de raison.* »

Ainsi, quand les prophètes n'expriment pas sur Dieu des idées en harmonie avec celles que lui, Spinoza, s'en fait, c'est par accommodation, accommodation de la part de Dieu vis-à-vis des prophètes, ou accommodation de quelques prophètes vis-à-vis du vulgaire ignorant et déraisonnable. — Or, nous ne craignons pas de le dire, avec cette théorie de l'accommodation appliquée par Spinoza dans une mesure extrêmement large, notre auteur perd de vue ses intentions primitives, « d'instituer un examen nouveau de l'Ecriture, avec un esprit libre et sans préjugés. » Sans s'en douter peut-être, il s'est laissé aveugler par son système, dans lequel il avait une foi entière et absolue, et ce système, on le sait, n'était qu'une déduction, un développement géométrique de sa définition de Dieu; cette définition, plane pour ainsi dire constamment devant ses yeux et l'empêche de voir que l'idée de Dieu qui règne d'un bout à l'autre dans l'Ecriture est entièrement différente de la sienne, si bien, qu'il règne comme un certain malentendu sur toute l'étendue de sa critique, et ce malentendu, tout en prêtant à son langage une apparente couleur biblique, creuse un véritable abîme entre lui et la Bible sur laquelle il croit de bonne foi, se fonder. — Mais nous aurons l'occasion plus tard d'y revenir. Exposons d'abord avec plus de détails sa méthode.

Nous avons déjà vu que cette méthode exige une histoire de l'Ecriture, puisque la règle générale pour interpréter les livres saints, consiste à n'attribuer à l'Ecriture aucune doctrine qui ne ressorte avec évidence de son histoire.

Il vaut la peine de le suivre ici avec la plus grande attention, car la méthode qu'il expose, semble appartenir plutôt à un théologien moderne qu'à un philosophe du dix-septième siècle, tellement elle est claire, complète et rationnelle.

Comment doit se faire l'histoire de l'Ecriture et à quels récits doit-elle principalement s'attacher ? A ces deux questions que Spinoza se pose, il répond en trois points qui correspondent à autant de conditions, que doit remplir cette histoire.

La première condition est l'explication de la nature et des propriétés de la langue dans laquelle les livres saints ont été écrits, c'est-à-dire, surtout de la langue hébraïque, la connaissance de cette langue étant nécessaire non-seulement pour l'intelligence de l'Ancien-Testament, mais aussi pour celle du nouveau qui est plein d'hébraïsmes.

En second lieu, il faudra «recueillir les sentences de chaque livre et les réduire à un certain nombre de chefs principaux, afin qu'on puisse voir d'un seul coup d'œil la doctrine de l'Ecriture sur chaque matière. » Car ce qu'il faut éviter avant tout, c'est de substituer au sens véritable un raisonnement de notre esprit. — *Exemple :* Moïse a dit que *Dieu est un feu*, que *Dieu est jaloux.* Si on veut savoir si Moïse a cru, oui ou non que Dieu soit un feu, il n'y a point lieu de se demander si cette doctrine est conforme ou non conforme à la raison : il faut voir si elle s'accorde ou si elle ne s'accorde pas avec les autres opinions de Moïse. Or, comme en plusieurs endroits Moïse déclare expressément que Dieu n'a aucune ressemblance avec les choses visibles qui remplissent le ciel, la terre et l'eau, il s'en suit que cette parole : *Dieu est un feu*, et toutes les paroles semblables doivent être entendues métaphoriquement. » — Dans toute cette manière de procéder, il n'y a, comme on le voit, rien que de très-légitime et de très-naturel. De plus, on le voit, elle conduit directement à la démonstration de sa thèse capitale ; séparation de la théologie et de la philosophie, car il n'est pas difficile de prévoir qu'avec cette méthode, le contenu de la Bible offrira à la spéculation une base fort incertaine et restreinte et se fondra pour ainsi dire en quelques principes moraux dont la définition lui permettra de jeter par dessus bord la théorie d'une lumière surnaturelle, puisque ces principes, au fond, seront les mêmes que ceux, que sa spéculation libre a fait découvrir à Spinoza.

La troisième condition que doit remplir l'histoire de l'Ecriture, c'est de nous faire connaître les diverses fortunes des livres en général et de chacun en particulier, ainsi que la vie, les études de l'auteur de chaque livre, le rôle qu'il a joué, en quel temps, à quelle occasion, pour qui, dans qu'elle langue il a composé ses écrits. — Ici, nous sommes plus que jamais en pleine théologie moderne, qui n'a, pour ainsi dire, fait que redire et compléter les recherches de Spinoza sur l'authenticité des textes.

Ces trois conditions étant remplies, tout n'est pas encore dit ; car par leur moyen on n'arrive qu'à découvrir la pensée de tel ou tel auteur, de tel ou tel livre, sans pouvoir s'élever à un aperçu général sur la Bible tout entière ; or, c'est là une condition indispensable pour arriver à trancher définitivement le procès entre la théologie et la philosophie, puisqu'elle seule nous permettra de constater, si réellement les vérités générales contenues dans l'Ecriture sont au-dessus de la portée de l'esprit humain.

Comment faut-il s'y prendre pour trouver les principes généraux de la Bible ? Spinoza distingue ici entre deux sortes de passages, les uns ayant rapport surtout à la morale, à la pratique de la vie, les autres à la spéculation ; pour l'intelligence desquels il faut procéder un peu différemment. Nous verrons pourquoi, en exposant chacune des deux méthodes.

Ces méthodes ne sont au fond qu'une répétition, sur un plus grand théâtre, des opérations nécessaires pour la découverte de la pensée de chaque livre ; c'est-à-dire il faut chercher d'abord ce qu'il y a de plus universel, ce qui fait la base et le fondement de tout le reste, ce qui exprime la doctrine qu'ont enseignée les prophètes pour les intérêts éternels de tout le genre humain : par exemple qu'il n'y a qu'un seul Dieu, seul tout-puissant, seul adorable, qui prend soin de tous les hommes et chérit entre tous ceux qui l'adorent et qui aiment leur prochain. Puis la doctrine générale de l'Ecriture une fois connue il faut descendre à des choses plus particulières, comme les actions de la véritable vertu qui ne doivent être pratiquées qu'en des circonstances déterminées ; c'est-à-dire les actions de la vie journalière. Cette doctrine générale des livres saints servira en même temps à expliquer, à éclaircir les passages obscurs ou ambigus, et dans le cas où il y aurait contradiction, il faut se demander à quelle occasion, en quel temps et pourquoi les passages contradictoires ont été écrits. Exemple : Quand Jésus-Christ dit : « Si quelqu'un te frappe à la joue droite, présente-lui la joue gauche » il ne faut pas prendre ces mots au pied de la lettre, car alors il serait en contradiction flagrante avec la loi de Moïse, laquelle il ne voulait pas renverser. Pour bien comprendre son précepte il faut tenir compte 1° du caractère de Jésus, qui n'avait en vue que de réformer le fond des cœurs et non les actions extérieures; 2° du temps où il fut prononcé et des personnes; il s'adressait à des hommes opprimés, à une époque où la justice négligée faisait pressentir une dissolution prochaine. Moïse au contraire, qui n'avait en vue que d'établir un excellent corps de loi, a pu établir cette règle : œil pour œil, dent pour dent, qui est l'expression d'une juste distribution des punitions et des récompenses. — Quelle est la conclusion que Spinoza tire de ces deux préceptes, au moyen de sa méthode de pondération réciproque des textes au moyen des circonstances qui en ont accompagné l'expression? «Il est clair, dit-il, que les préceptes de Jésus-Christ sur le pardon des injures, ne sont applicables qu'aux époques d'oppressions et dans un État où la justice est négligée et non point dans un État bien réglé. Car, au contraire, là où la justice est exactement maintenue, tout citoyen est obligé d'exiger devant le magistrat la réparation des torts qu'on a pu lui faire, pour que la justice et les lois de la patrie soient défendues, et que les méchants ne jouissent pas de l'impunité. Or, tout cela est parfaitement d'accord avec la raison naturelle.» Ici encore Spinoza ne nous paraît pas avoir bien saisi le sens du précepte de Jésus. Évidemment Jésus veut flétrir ici la mauvaise application faite dans la vie ordinaire du texte de la loi. Jésus n'a pas en vue, comme Spinoza le prétend, une époque d'oppression; mais il parle pour tous les hommes et pour tous les temps.

Cet exemple nous paraît renfermer plusieurs renseignements qui se rapportent d'une part à sa méthode, d'autre part à ses préoccupations philosophiques.

Sa méthode pèche ici surtout par la confusion de l'Ancien et du Nouveau-Testament, placés sur la même ligne.

Sans doute il ne fait que suivre en cela les errements de la théologie ; mais puisqu'il prétendait réformer les abus, l'occasion était belle pour assigner au judaïsme et au christianisme et à leurs littératures la place qui leur convenait.

D'un autre côté il ne dissimule pas même ses préoccupations philosophiques et sa prédilection pour les lumières de la raison naturelle ; on voit percer assez clairement le désir de voir la Bible confirmer et corroborer des doctrines que lui-même avait trouvées depuis longtemps sans avoir besoin pour cela d'une révélation spéciale. Voilà pourquoi nous croyons pouvoir le soupçonner de n'avoir pas été un juge impartial et croire que les résultats auxquels il arrivera, seront moins ceux d'une recherche désintéressée, que ceux d'une interprétation complaisante pour sa propre philosophie.

Quand nous en arriverons à enregistrer ces résultats nous aurons l'occasion de montrer ceci plus clairement.

Il était question jusqu'ici seulement des passages, destinés à régler la vie pratique ; ces passages n'offrent pas des difficultés bien sérieuses à l'interprète, parce qu'il s'agit seulement de principes proclamés sans cesse avec tant de précision et de clarté que personne n'a jamais pu avoir à leur sujet la moindre incertitude.

Il est loin d'en être de même pour ceux qui ont trait à des points de spéculation, tels que ceux-ci : qu'est-ce que Dieu ? Comment peut-il tout connaître et étendre sa Providence à tout ? Or sur tous ces points, l'Écriture ne s'explique pas ex professo, et ne dit rien qui ait le caractère d'une doctrine éternelle.

Au contraire, les prophètes sont loin d'être d'accord

entre eux sur les choses spéculatives. Donc en appliquant à ces passages la méthode ci-dessus, on arrive nécessairement à ce résultat, *qu'en fait de spéculation, l'Ecriture ne nous apprend rien, qu'elle ne saurait être une autorité pour le philosophe et qu'elle ne prétend pas même l'être.* Ce fait, qui pour la démonstration de la thèse de Spinoza est d'une importance capitale, il ressort pour lui avec la plus grande évidence de l'examen de la prophétie et de la révélation, de la nature du miracle, des notions les plus générales qui se rencontrent dans les livres saints et même en descendant au sens de chaque prophétie, de chaque récit historique, de chaque miracle; c'est là en effet la marche qu'il a suivie pour cet ordre de passages. Nous pouvons y appliquer les mêmes remarques que celles ci-dessus, parce que c'est le procédé inductif et déductif appliqué à la Bible entière sans distinction de l'Ancien ou du Nouveau-Testament, et qui pour cela ne saurait conduire à des résultats vrais et définitifs. — Cependant, malgré ce grave défaut, sa méthode avait, sur tout ce qui s'était fait avant lui, une supériorité incontestable et en même temps elle lui donne l'occasion de déployer une science et une perspicacité étonnantes, et d'ouvrir une voie dans laquelle la théologie est entrée depuis à pleines voiles ; cette voie, c'est la critique de l'authenticité et de l'histoire des livres qui composent la Bible. Pour gagner un aperçu sur ce qu'il a fait en cette matière, nous ne saurions mieux faire que de le suivre rapidement dans l'explication des difficultés de sa méthode.

Sa méthode en lui imposant une connaissance parfaite de la langue hébraïque la connaissance de l'histoire de tous les livres de l'Ecriture, lui présente par cela même toutes sortes de difficultés :

1° Celles qui résultent des ambiguités et de l'imperfection de la langue hébraïque, dont de plus il n'avait ni dictionnaire ni grammaire, ni rhétorique, ni syntaxe. — Une foule d'ambiguités et d'obscurités résultent :

a) De la fréquente confusion des lettres d'un même organe, comme *alpha*, *ghet*, *hgain*, *he.*, *el* qui signifie *vers* est souvent pris pour *hgal* qui signifie au-dessus et réciproquement;

b) de la diversité des significations, des conjonctions, et des adverbes;

Vaw, signifie *et*, *mais*, *pour*, *que*, *or*, *alors*. — *Ki* a également 7 ou 8 significations (p. 139);

c) l'absence dans les verbes d'une assez grande variété de temps;

d) l'absence des voyelles;

e) l'absence de ponctuation.

2° Les difficultés qui résultent de l'ignorance où nous sommes de l'histoire des livres de l'Ecriture : «Nous ignorons, dit-il, leurs auteurs, nous ignorons à quelle occasion et en quel temps ils ont été écrits, nous ignorons quelle main les a recueillis, quels exemplaires ont fourni des leçons si diverses; nous ne savons pas enfin si d'autres exemplaires ne renfermaient pas d'autres leçons.»

Toutes ces préoccupations montrent assez de combien Spinoza avait devancé son siècle, et quand nous le voyons ne pas reculer devant la peine de soulever et d'écarter au moins en partie toutes ces difficultés, et essayer de refaire cette histoire des saintes Écritures, si nécessaire à leur intelligence, et cela avec un succès que la critique moderne n'a fait que confirmer en grande partie, nous ne pouvons nous empêcher d'admirer un si beau génie, tout en regrettant que l'esprit de système l'ait aveuglé à tel point qu'il n'a pu arriver à saisir et à comprendre tout le véritable contenu des saintes Ecritures.

Nous pourrions encore faire mention d'une troisième difficulté dans l'interprétation de quelques livres de l'Ecriture; elle provient de ce que nous n'avons plus ces livres que dans une traduction, par exemple l'évangile selon saint Matthieu, l'épître aux Hébreux, le livre de Job.

Telles sont en somme les principales difficultés que présente sa méthode; elles lui paraissent tellement grandes, qu'il ose affirmer qu'il faut savoir ignorer le véritable sens d'une foule de passages des livres saints, si l'on ne veut se payer de vaines conjectures. Toutefois, ces difficultés proviennent, suivant Spinoza, uniquement des passages qui ne s'adressent qu'à l'imagination, ou qui sont du domaine de la spéculation; pour tout ce qui touche les vérités morales, rien n'est plus facile que de comprendre l'Ecriture, parce que celles-ci sont à la portée de toutes les intelligences. Or, que faut-il de plus? Du moment que nous pouvons savoir clairement tout ce qui touche à la béatitude, pourquoi nous mettre en peine du reste? Puisque les matières spéculatives demandent une intelligence qui n'appartient pas à tout le monde, c'est une preuve qu'elles sont plus faites pour satisfaire la curiosité, que pour prouver une utilité véritable.

Nous voyons donc ici Spinoza dégager nettement et séparer la morale de la spéculation; la morale est pour tout le monde, la spéculation est réservée à des esprits privilégiés; la morale est nécessaire, la spéculation est facultative; elles sont indépendantes l'une de l'autre, pourvu que la morale soit sauve, les résultats de la spéculation sont indifférents. Tel est l'enseignement qui ressort pour lui de l'étude de la Bible. On ne peut contester qu'il y a, dans cette manière de voir, beaucoup de vrai; mais si on fait un pas de plus, et si on dit que la morale n'a rien à faire avec la vérité, qu'elle n'est qu'une affaire de pratique, c'est-à-dire qu'une vie honnête résultant de conceptions erronées vaut une vie qui s'appuie sur la connaissance claire de la vérité, on est dans une grande erreur, et ce pas, Spinoza l'a fait. L'examen des résultats auxquels il est arrivé, nous montrera comment.

CHAPITRE III.

Résultats.

Pour enregistrer les résultats de la méthode et de sa critique, nous suivrons pas à pas sa propre marche, excepté pour les prophètes, auxquels nous joindrons immédiatement les apôtres qui, au fond, étaient aussi une espèce de prophètes.

Les prophètes (ch. I et II). — Rentrent pour Spinoza dans la catégorie des prophètes, non-seulement les hommes de l'Ancien-Testament auxquels l'usage a donné ce nom depuis longtemps, mais aussi Jésus-Christ et les apôtres.

Prenons d'abord les *prophètes proprement dits :* Voici ce qu'après examen, Spinoza en pense (ch. I et II).

«C'est s'abuser totalement que de chercher la sagesse et la connaissance des choses naturelles et spirituelles, dans les livres des prophètes. Ils ont pu ignorer et ont effectivement ignoré les choses qui touchent à la spéculation; ils ont même eu sur ces objets des opinions contraires.» Que résulte-t-il de là? C'est que nous ne sommes tenus de croire aux prophètes que dans les choses qui sont le fond de la révélation, *en tout le reste, libre à chacun de croire ce qu'il lui plaît.*

Quant à la *personne de Jésus-Christ*, il semble l'élever bien au-dessus du commun des mortels, quand il dit : qu'une sagesse plus qu'humaine s'est revêtue de notre nature en lui, et qu'il a été la voie du salut. Cependant en allant un peu plus loin, on est assez étonné de trouver cette déclaration : «Je dois avertir ici que je prétends ni soutenir, ni rejeter les sentiments de certaines Eglises touchant Jésus-Christ, car j'avoue franchement que je ne les comprends pas.» Et dans une lettre à Oldenbourg, il s'exprime encore plus franchement : «Ce qu'ils en disent me paraît aussi absurde que si on me disait que le cercle a pris les propriétés du carré.»

«Les *apôtres* ne sont prophètes qu'en partie. Ils ne sont prophètes que quand ils parlent de vive voix; ils sont seulement docteurs et ils ne parlent que d'après une connaissance toute naturelle quand ils écrivent.

«De plus, les apôtres sont d'accord sur la religion elle-même, mais pas sur ses fondements. Paul, prêchant aux gentils, a le plus philosophé; les autres qui prêchèrent aux hébreux, c'est-à-dire à un peuple qui dédaignait la philosophie, *s'accommodaient* aussi à leur esprit sur ce point et enseignaient la religion dégagée des spéculations philosophiques.

Il y a à remarquer ici le poids qu'il donne à la divergence des opinions spéculatives des apôtres ; mais il y en a un, sur lequel ils sont tous d'accord : la résurrection de Jésus ; pourquoi Spinoza persiste-t-il à n'y voir qu'une allégorie [1] ? Sans doute parce que son système n'a pour ce fait aucune explication. C'est là une circonstance dont il faut prendre note. C'est un miracle ; or les miracles n'entrent pas dans son système, c'est pour lui une raison suffisante pour rejeter celui-ci.

Les Hébreux (ch. III). — *Les Hébreux ont-ils eu seuls des prophètes?* L'Écriture prouve le contraire puisqu'elle nous parle de Melchisédech, de Bilham, qui n'étaient pas Israélites et étaient prophètes, et qu'elle nous montre des prophètes tel que Jonas par exemple prophétiser pour les païens. Cela est du reste fort naturel. La mission des prophètes a été surtout d'enseigner aux hommes la véritable vertu, par conséquent (nous avouons ne pas bien comprendre cette conséquence) toute nation a eu ses prophètes ; ce qui est confirmé par une citation de Paul : Dieu est le Dieu des juifs et le Dieu des gentils.

Loi divine ch. IV. — Il est beaucoup question chez les théologiens d'une loi divine, communiquée directement aux hommes par Dieu. Qu'est ce donc qu'une loi divine? C'est une loi qui n'a rapport qu'à Dieu, c'est-à-dire au souverain bien, à la vraie connaissance et à l'amour de Dieu. Ici nous ne sommes plus sur le terrain théologique, mais en pleine philosophie Spinoziste qui, en vertu de sa définition à lui de Dieu, réduit la loi divine

---

[1] Lettre à Oldenbourg. «La résurrection de Jésus-Christ est au fond une résurrection toute spirituelle.»

tout entière à ce précepte suprême : «Aimez Dieu comme
votre souverain bien.» Comme il lui est impossible de
faire abstraction de cette idée, tout le contenu de la Bible
va se fondre sous ses yeux dans cet unique précepte :
«Aimez Dieu comme votre souverain bien.»

En vertu des mêmes préoccupations philosophiques,
il continue de raisonner comme il suit : c'est seulement
pour se mettre à la portée du vulgaire et *s'accomoder* à
l'imperfection de sa connaissance, qu'on représente Dieu
sous les traits d'un législateur ou d'un prince..., en réalité (cette réalité est celle de son système, ce n'est pas la
Bible qui la lui apprend), *Dieu agit et dirige toutes
choses par la seule nécessité de sa nature et de sa per-
fection*, ses décrets et ses volontés sont des vérités éternelles et enveloppent toujours l'absolue nécessité.

On prétend que c'est Dieu qui a institué les cérémonies du culte et que par conséquent elles font partie in-
tégrante de la loi divine. Rien de plus faux, et pourquoi?
parce que, dit Spinoza, en songeant plus à sa propre philosophie qu'à la Bible, l'objet des cérémonies c'était que
les hommes suivissent la volonté d'autrui au lieu de la
leur; c'était que chacune de leurs pensées et de leurs actions fût un témoignage, qu'ils ne dépendaient pas d'eux-
mêmes, mais d'une autre puissance; c'est-à-dire elles
n'étaient qu'un instrument de domination et d'ordre public dans l'état théocratique des Hébreux.

Pour ce qui est des cérémonies du christianisme (soi-
disant instituées par Jésus-Christ et les apôtres), elles
ne sont autre chose que des signes extérieurs de l'Eglise
universelle, elles n'ont rien dans l'objet de leur institu-
tion qui intéresse la béatitude, elles ne mènent pas

elles-mêmes au salut, et il ne leur faut attribuer aucune vertu sanctifiante (cette dernière assertion nous paraît fort contestable).

On prétend en outre que toute la Bible de sa forme actuelle avec ses récits fait partie de la loi divine, qu'il faut par conséquent y avoir une foi entière. Cela est absurde. La connaissance de ces récits n'est nécessaire qu'au peuple (il ne professe pas une grande estime, ni amour pour le vulgaire), dont le génie grossier est incapable de percevoir les choses d'une façon claire et distincte. Nous voyons ici Spinoza dégager de plus en plus la forme du fond, pour ne garder que les idées principales que nous verrons se réduire à un bien petit nombre et qui, selon lui, devront constituer l'essence de la religion.

Parmi ces récits, auxquels il faut croire dans l'intérêt de son salut, il y en a qui nous rapportent des *miracles*, c'est-à-dire des faits qui, ou bien nous sont inintelligibles et inexplicables par leurs causes prochaines, ou qui constituent une intervention directe de Dieu dans les affaires humaines par l'abrogation momentanée d'une ou de plusieurs de ses lois. Il est évident pour Spinoza, que les miracles, pris dans ce dernier sens, ne sont pas possibles et cela pour trois raisons, dont la première est tirée de sa propre philosophie, la seconde en partie de la même source, en partie de l'Ecriture, et la troisième de l'Ecriture seule. Il prouve donc *primo*, en vertu de sa définition de Dieu, que rien n'arrive contre l'ordre de la nature, qu'elle suit sans interruption un cours éternel et immuable. En partant de ce principe, il ne peut donc y avoir miracle que dans un sens tout relatif, c'est-à-dire que le miracle n'est rien d'autre qu'un évènement dont les hommes, ou du moins celui qui raconte le miracle, ne peut expliquer la cause naturelle par analogie avec d'autres événements semblables qu'ils sont habitués à observer.

Il prouve 2°, par le raisonnement et par l'Ecriture, que les miracles ne nous font nullement comprendre ni l'essence, ni l'existence, ni la Providence de Dieu, enfin,

3° Il prouve que les décrets et ordres de Dieu, et par conséquent sa providence, ne sont dans l'Ecriture rien autre chose que l'ordre de la nature ; en d'autres termes, quand l'Ecriture dit qu'une chose est l'œuvre de Dieu, ou qu'elle a été faite, elle entend que cette chose s'est faite suivant les lois et l'ordre de la nature.

L'Ecriture, dit-il, n'a pas pour objet d'expliquer les choses par leurs causes naturelles, mais seulement de faire un tableau des événements les plus capables de frapper l'imagination et d'en présenter le récit dans l'ordre et avec le style qui disposent le mieux à l'admiration, et qui, par conséquent, tournent le plus fortement l'âme du vulgaire à la dévotion. Cela veut dire, ce nous semble, en termes un peu crus : l'Ecriture a pour objet de pousser les hommes ignorants et imbéciles à la dévotion, à une vie réglée ; or, la fin justifie les moyens, si elle n'y arrive pas par l'expression de la vérité, qui peut-être ne serait pas comprise, rien n'empêche qu'elle emploie l'erreur et le mensonge. C'est là encore un point dont il faut tenir compte.

Il résulte donc de ce qui précède, que les miracles ne sont au fond qu'une forme de style, et qu'en s'y prenant bien, en sachant bien interpréter la Bible, on peut les expliquer tous par les causes naturelles. Spinoza a, en effet, essayé de faire ce que plus tard on a fait dans une si large mesure; il a donné des exemples d'interprétation naturelle des miracles; mais nous doutons fort que tous les miracles s'y prêtent, à moins qu'on ne tombe dans des explications plus miraculeuses que les miracles eux-mêmes.

Quoi qu'il en soit, les miracles sont donc aussi un point auquel on peut croire si on croit cette foi indispensable au salut; mais sur lequel, au fond, il est loisible à chacun de penser de la façon qui lui paraîtra la plus propre à porter son âme au culte de Dieu et de la religion. En un mot, *liberté de penser, et tolérance absolues.*

Il y a une autre manière de prouver la même thèse, en examinant l'histoire des livres de l'Écriture, leur authenticité, leur sort, leur plus ou moins de pureté.

On dit que la Bible est la parole de Dieu, littérale, infaillible : si cela était, il faudrait qu'elle ne renfermât ni fautes, ni erreurs d'aucune sorte. Mais je trouve au contraire en refaisant son histoire :

1° Qu'aucun des livres qui la composent, du moins dans l'Ancien-Testament, n'est dû à la plume de l'auteur auquel on se plaît à l'attribuer.

2° Qu'ils sont des fragments réunis en un tout par Esras, qui n'y a pas même mis la dernière main, mais qui s'est borné à emprunter à divers auteurs des récits historiques qu'il a simplement enregistrés, le plus souvent sans les examiner, ni les mettre en ordre.

3° Qu'ils fourmillent d'erreurs chronologiques.

4° Que des fautes se sont glissées dans le texte de l'Écriture.

5° Que les notes marginales sont loin de renfermer des mystères, mais ne sont que des leçons douteuses.

6° Qu'avant le temps des Maccabées il n'y avait point de canon des livres saints ; mais que ce sont les pharisiens de l'époque du second temple, qui, de leur autorité privée, ont choisi entre beaucoup d'autres et consacré les livres que nous possédons maintenant.

Quant aux livres du Nouveau-Testament, il renonce à un examen semblable, parce qu'il n'est pas assez versé dans la langue grecque pour entreprendre une tâche si difficile. Cette lacune n'a rien de regrettable, puisque la théologie moderne a su parfaitement la combler et qu'un pareil examen ne saurait plus avoir pour nous, comme ce qui précède, qu'un intérêt de curiosité.

Que faut-il conclure maintenant des résultats auxquels l'a amené l'étude historique des livres saints ?

«Ceux qui considèrent la Bible, telle que nous l'avons aujourd'hui, comme une sorte de lettre que Dieu du haut du ciel a écrite aux hommes, s'écrieront indubitablement que j'ai commis un péché envers le Saint-Esprit, moi qui ai soutenu que cette parole de Dieu est vicieuse, tronquée, altérée et pleine de discordances, que nous n'en possédons que des fragments et que l'original du pacte que Dieu a fait avec les Juifs a péri.» A qui nous adresser désormais, si ce que nous avons considéré comme la source pure de la vérité ne mérite plus notre confiance ? Ne craignez rien, semble leur dire Spinoza, et cessez vos clameurs; la vraie parole de Dieu subsiste entière; car le véritable original de cette parole, ce n'est pas la Bible; il est gravé de la main de Dieu dans le cœur des hommes, notre raison et l'enseignement des prophètes s'accordent pour nous l'affirmer. Est-ce à dire que la Bible est devenue inutile, ou qu'elle n'est pas la Parole de Dieu? La Bible est divine et sacrée aussi longtemps qu'elle inspire aux hommes des sentiments de piété, autrement, elle n'est plus que de l'encre et du papier: sa divinité n'est pas intrinsèque, elle est subordonnée à l'usage qu'on en fait. Pourquoi Spinoza use-t-il ici d'équivoque? A ce compte tout livre qui inspire aux hommes des sentiments de piété est un livre divin au même titre que la Bible, et sa propre philosophie à lui, parce qu'il y puise sa piété et son salut, est une philosophie divine. Sa véritable pensée est plutôt celle-ci : la Bible est un livre d'édification comme un autre.

Mais comment peut-il affirmer qu'elle contient, malgré qu'elle est altérée et tronquée, la Parole pure et entière de Dieu?

«Parce qu'elle nous enseigne partout avec la plus grande clarté cette *maxime fondamentale* de toute la religion : *qu'il faut aimer Dieu par-dessus toutes choses et notre prochain comme nous-mêmes.*» Or, n'en eussions-nous conservé que cette seule maxime, nous pourrions dire que nous possédons la Parole de Dieu tout entière, parce que de ce seul principe nous pourrions, au moyen de procédés légitimes du raisonnement, reconstruire tous les autres éléments plus secondaires de la religion.

Car, en quoi consiste la religion? ou comme il l'appelle aussi, la foi! «La foi, dit-il, consiste à savoir sur Dieu ce qu'on n'en peut ignorer sans perdre tout sentiment d'obéissance à ses décrets et ce qu'on en sait nécessairement par cela seul qu'on a ce sentiment d'obéissance.» C'est là une définition que certes il n'a pas tirée de l'étude de la Bible. De cette définition il conclut: 1° que la foi ne mène pas au salut par elle-même, mais seulement en raison de l'obéissance, c'est-à-dire de son influence sur nôtre vie (la foi sans les œuvres est morte); 2° celui qui est vraiment obéissant, qui mène une vie honnête, juste et tranquille, a nécessairement la vraie foi; 3° nous ne pouvons juger qu'un homme est fidèle ou ne l'est pas, si ce n'est par ses œuvres; 4° la foi ne requiert pas tant la vérité dans les doctrines que la piété, c'est-à-dire ce qui porte l'esprit à l'obéissance.

Il est évident que si on prend les choses de cette façon, l'intolérance et la sujétion de la pensée et de la conscience est absurde, et on pourrait presque se dispenser d'aller plus loin. Mais puisque Spinoza a cru devoir montrer la chose un peu plus longuement, nous le suivrons jusqu'au bout.

Maintenant, puisque la foi consiste uniquement dans l'obéissance et dans ce qui y porte, quels sont les points de doctrine strictement nécessaires à l'obéissance? ceux dont l'ignorance conduirait nécessairement à la rébellion?

Ces points, suivant Spinoza, sont au nombre de sept.

Le catéchisme de Spinoza est donc renfermé tout entier dans les sept articles de foi suivants:

1° Il y a un Dieu, c'est-à-dire un Etre suprême, souverainement juste et miséricordieux, le modèle de la véritable vie;

2° Il est unique, condition essentielle pour inspirer la suprême dévotion, l'admiration et l'amour envers lui;

3° Il est présent partout;

4° Il a sur toutes choses un droit et une autorité suprêmes;

5° Le culte de Dieu et l'obéissance qu'on lui doit ne consistent que dans la justice et dans la charité, c'est-à-dire dans l'amour du prochain;

6° Ceux qui, en vivant ainsi, obéissent à Dieu, sont sauvés, tandis que les autres qui vivent sous l'empire des voluptés sont perdus;

7° Dieu remet leurs péchés à ceux qui se repentent, car il n'est point d'homme qui ne pèche.

Oter de ces choses un seul point, c'est ôter l'obéissance et tout ce qui est en dehors est superflu, n'appartient pas à la foi, parce que cela n'influe pas directement sur la vie pratique dans le sens de l'honnêteté et de la vertu.

Qu'est-ce qui distingue donc finalement la foi, la religion, la théologie (ces 3 termes sont à peu près synonymes pour Spinoza), de la philosophie, de la spéculation, de la libre pensée?

Elles se distinguent : 1° par le but; 2° par les fondements.

Le *but* de la philosophie est la vérité.

Le *but* de la foi, de la théologie, n'est que l'obéissance, la piété.

Les *fondements* de la philosophie sont des notions communes et elle-même ne doit être puisée que dans la nature.

Les *fondements* de la théologie sont les histoires de la Bible et sa langue, elle ne doit être cherchée que dans l'Ecriture et dans la révélation.

Ainsi, la véritable foi, la véritable religion, donne à tout le monde la liberté pleine et entière de philosopher à son gré; elle ne condamne comme hérétiques et schismatiques que ceux qui enseignent des opinions capables de porter à la rébellion, à la haine, à la dispute et à la colère.

Philosophie et théologie ont donc deux domaines complètement séparés; à l'une le domaine vaste de la vérité, à l'autre celui de la pratique de la prédication de la vertu, de la moralisation des masses.

Puisque la philosophie mène à la vérité, elle rend donc superflue toute espèce de révélation; comment Spinoza peut-il parler de l'utilité et même de la *nécessité* de la révélation? C'est qu'il y a un point, une vérité qu'elle seule nous enseigne et à laquelle nous ne saurions atteindre par le seul secours de la lumière naturelle. Cette vérité est celle-ci : la seule obéissance suffit au salut, par une grâce de Dieu toute particulière. La spéculation au contraire ne nous apprend que ceci: celui qui est obéissant *parce qu'il embrasse et conçoit les décrets divins à titre de vérités éternelles*, peut être sûr de son salut. Grâce à la révélation de la Bible, l'espoir du salut s'étend sur un nombre d'hommes beaucoup plus considérable, de sorte que l'Ecriture a apporté une bien grande consolation aux mortels. «Tous les hommes en effet, peuvent obéir (sans trop savoir pourquoi) mais il y en a bien peu, qui acquièrent la vertu en ne suivant que la direction de la raison, de sorte que, sans le témoignage de l'Ecriture, nous douterions presque du salut de tout le genre humain.»

Jusqu'ici nous avons donc vu que la légitimité de la liberté de penser et celle de la tolérance religieuse, loin d'être méconnue par la Bible, ressort avec évidence d'une étude attentive de son contenu. Ce résultat final contient indirectement la réponse au problème qu'il s'était posé, de faire voir que la liberté de philosopher, non-seulement est compatible avec la piété, mais qu'on ne saurait la détruire sans détruire en même temps la piété elle-même.

Mais, pour ne laisser subsister aucun doute, nous allons indiquer en peu de mots dans quels rapports se trouve la thèse qu'il a posée en tête de son traité, avec les résultats que nous avons enregistrés jusqu'à présent.

Prenons d'abord «la compatibilité de la liberté de philosopher avec la piété.» La piété, avons-nous vu, est, d'après Spinoza, avant tout l'obéissance à la volonté de Dieu, que cette obéissance soit éclairée par la raison ou qu'elle s'inspire seulement d'une dévotion superstitieuse; elle est en effet indépendante de la vérité des doctrines. Cela étant, je puis penser librement sur toutes choses, croire ce qu'il me plaît, pourvu que je mène une vie honnête, vertueuse, ma piété n'en sera pas pour cela de moins bon aloi que celle de tout autre qui croit à l'inspiration littérale de la Bible et suit dévotement les cérémonies de son culte. *Man lasse einen jeden nach seiner Façon selig werden*, dit Frédéric II ; nous croyons que ce mot résume parfaitement la pensée de Spinoza sur la compatibilité de la libre pensée avec la piété.

Mais il y a plus ; Spinoza renchérit encore en émettant cette thèse un peu moins évidente, qu'on ne peut détruire la liberté de philosopher sans détruire en même temps la piété elle-même.

Pour le comprendre, il faut toujours en revenir à sa définition de la vraie piété. Si on peut appeler pieux celui qui obéit à la volonté de Dieu par pure dévotion inintelligente, ou comme un enfant obéit à son père par l'appât de récompenses et la crainte de terribles châtiments, à plus forte raison celui-là mérite-t-il l'épithète de pieux, qui obéit comme un homme raisonnable, parce qu'il comprend la volonté de Dieu et y reconnaît clairement son avantage. Or, les hommes de cette trempe ne peuvent se former que dans une atmosphère de liberté où ils peuvent développer à leur aise toutes les facultés de leur entendement ; tandis que si on arrête et surveille avec une inquiète jalousie ce développement, on ne fait que servir les intérêts de l'ignorance, de la superstition, d'une foi aveugle et esclave, et c'est précisément chez ceux-ci que se développe le plus l'intolérance et les abus de toutes sortes qui sont précisément le fruit d'une piété mal comprise, c'est-à-dire d'une piété qui ne mérite plus ce nom, mais qui n'est plus que de l'impiété. Donc la véritable piété, étant essentiellement tolérante et clairvoyante, ce qui ne peut être que par la liberté de penser ; c'est nuire à la véritable piété que d'obstruer la source d'où elle s'écoule et où elle s'alimente.

Ici Spinoza nous paraît se tromper sur le sens qu'il faut attacher au mot piété. Pieux n'est pas celui qui obéit à Dieu par espoir de récompense ou par crainte de châtiment, la véritable piété consiste dans l'obéissance envers Dieu par amour et par reconnaissance. En général, l'abîme qui existe entre Spinoza et entre la Bible, interprétée sincèrement, consiste en ceci : Spinoza considère la religion comme un ensemble de préceptes dont la connaissance est indispensable pour provoquer l'obéissance à Dieu, tandis que nous aimons à y voir une question de vie, et qu'elle a pour objet non des doctrines, mais une personne, et cette personne est le Christ.

CHAPITRE IV.

Résumé et Conclusion.

Si maintenant, du point où nous sommes arrivé, nous jetons un coup d'œil sur le chemin parcouru et sur les résultats obtenus, notre attention est surtout attirée vers les points principaux suivants :

La *Révélation*, ce cheval de bataille de la théologie, que celle-ci monte chaque fois qu'il s'agit de défendre l'empire qu'elle a usurpé sur les sciences naturelles en général et sur la philosophie en particulier, la révélation, ou son produit, la Bible, non-seulement n'a pas pour but, mais n'a pas même la prétention d'enseigner toute vérité aux hommes ; mais seulement ces vérités morales dont la connaissance leur est indispensable au salut, c'est-à-dire pour mener une vie honnête et vertueuse.

L'*Écriture*, sous sa forme actuelle, n'est pas la Parole de Dieu ; ou mieux, ce ne sont pas le papier et les lettres, formant la Bible, qui sont la Parole de Dieu, car l'histoire nous prouve que le livre que nous décorons de ce nom n'est pas l'ensemble complet des écrits des prophètes, mais seulement un recueil des débris de la littérature judaïque, recueil formé sous la surveillance et d'après l'autorité humaine et sujette à erreur des pharisiens de l'époque du second temple.

Elle n'est la Parole de Dieu que par son esprit et par ses enseignements moraux. Ces enseignements contiennent en effet une morale parfaitement pure et vraie et cela seul nous prouve qu'elle est d'origine divine.

Par ces deux raisons, la Bible n'est donc une autorité qu'en fait de religion ou de morale (morale et religion sont identiques pour Spinoza); comme telle elle contient les motifs les plus propres à engager des hommes ignorants et incapables de s'élever à la connaissance de la volonté de Dieu, à l'obéissance envers elle.

Pour les mêmes raisons, la Bible, et par conséquent la théologie qui ne se fonde que sur elle, loin d'être en droit d'exercer une surveillance jalouse et judiciaire sur les sciences et surtout sur la philosophie, n'a absolument rien à y voir, parce que leurs domaines sont complétement séparés.

En effet, les nombreuses divergences et même contradictions des prophètes sur tout ce qui concerne la spéculation pure, prouvent surabondamment qu'on peut, sans mériter l'accusation d'impiété, penser différemment sur tout ce qui n'intéresse pas directement la religion et la morale.

Donc, enfin, la théologie n'a aucun droit de priver les hommes de la liberté de penser et de dire ce qui leur plait. Ne tombe sous le coup d'une légitime répression que ce qui est de nature à troubler l'ordre, c'est-à-dire la manifestation de la pensée par des actes.

Il y a encore un autre point que nous ne saurions passer sous silence. Quel critérium Spinoza a-t-il de la vérité et par conséquent de la divinité des révélations morales? Il en a deux : le premier est celui que les prophètes qui les prêchaient étaient des hommes purs et vertueux; le second est celui qu'elles s'accordent parfaitement avec la raison. C'est ce dernier point surtout sur lequel nous voudrions fixer l'attention, parce qu'il dévoile la pensée de Spinoza sur la valeur de la révélation.

Si la raison peut servir de critérium pour la constatation de l'origine divine des révélations contenues dans la Bible, c'est qu'évidemment elle a pu s'élever par elle-même à la connaissance des mêmes vérités.

Or, que résulte-t-il de ce fait ? Il en résulte que la révélation n'était pas absolument nécessaire, elle n'était que d'une nécessité relative. Elle n'était nécessaire que pour les ignorants, pour les gens privés de la lumière de la raison, qui, sous peine d'être exclus du salut offert à tous les hommes, devaient être renseignés sur la volonté de Dieu et poussés d'une façon ou de l'autre à s'y soumettre, tandis que les hommes (hélas ! trop rares) doués de raison et éclairés par elle connaissent parfaitement par eux-mêmes la volonté de Dieu et, en vertu de cette connaissance parfaite, s'y conforment librement.

Sans doute, la révélation nous apprend une chose que la raison ne nous apprend pas : savoir, que le seul fait d'obéissance, indépendamment des motifs qui l'engendrent, mène au salut, tout aussi bien qu'une obéissance intelligente, clairvoyante et libre. Cependant nous persistons à affirmer que, aux yeux de Spinoza, la révélation ne devrait être que d'une nécessité relative. Car cette vérité : le seul fait d'obéissance mène au salut, n'est pas à proprement dire une vérité dont la connaissance soit elle-même nécessaire au salut, mais seulement une vérité plus ou moins consolante, parce que «sans elle il faudrait presque désespérer du salut de la grande majorité des hommes.»

Ainsi, en somme, tout ce qu'il importe de savoir dans l'intérêt de son salut, on peut le savoir par la raison, et ceux qui possèdent cette raison, peuvent se passer de toute espèce de révelation. Celle-ci n'est faite et n'est nécessaire que pour les gens sans raison, pour les ignorants, pour les aveugles d'esprit, en un mot «pour les goujats.»

Tels sont, tracés à grands traits, les principaux résultats et quelques-unes des conséquences de la critique de Spinoza.

Nous nous abstenons de toutes remarques en faveur de telle ou telle doctrine religieuse qui a pu être lésée dans le cours de sa critique. Ce qui seul a le droit de nous intéresser c'est de savoir si Spinoza a démontré sa thèse avec succès et comment il y est parvenu.

Le premier point ne nous paraît pas pouvoir être contesté. Oui, Spinoza, croyons-nous, a prouvé irréfutablement, du moins pour ses adversaires qui, au lieu de lui prouver le contraire, n'ont su que lui opposer des récriminations et des injures. Car, quoiqu'en effet il soit facile de constater que ses résultats s'éloignent considérablement de l'esprit du Christ que cependant il invoque, il n'a cependant rien dit, rien affirmé qu'il n'ait corroboré de nombreuses citations bibliques.

Ce fait seul, à défaut de toute autre preuve, démontre assez clairement que la doctrine de l'inspiration *littérale* de la Bible, sans distinction d'Ancien ou de Nouveau-Testament, cette doctrine qui a passé si longtemps pour un axiome en théologie est absolument insoutenable.

Car, si on prend pour point de départ l'autorité égale de l'Ancien et du Nouveau-Testament, les idées qu'on trouvera élevées au-dessus de toute contradiction seront en bien petit nombre, et l'essence de la religion se réduira à bien peu de chose, d'autant plus que l'esprit de l'Ancien-Testament et celui du Nouveau s'excluent ou à peu près.

De même, si l'inspiration doit être littérale, chaque phrase, même chaque mot *pris isolément* est une autorité irrécusable ; de sorte que, Spinoza n'eût-il trouvé à l'appui de chacune de ses thèses qu'un seul mot, qu'une seule phrase biblique, un théologien adorateur de la lettre et conséquent avec soi-même, ne pouvait refuser de se soumettre à ses conclusions.

On a vu, en effet, de tout temps, les hérésies religieuses se fonder toutes sur des textes bibliques : *Keen Ketter sonder Letter* [1], dit Spinoza lui-même quelque part en plat allemand, pour ne pas altérer un jeu de mots intraduisible.

Ce n'est donc pas à la lettre qu'il faut vouloir en appeler pour montrer la fausseté ou le danger de telle ou telle doctrine ; car la lettre est « un nez de cire qu'on tourne et forme comme on veut », « la lettre tue, mais c'est l'esprit qui vivifie. »

Ce n'est donc pas non plus par la lettre qu'on pourrait prouver l'erreur de Spinoza, mais par l'esprit, par les principes. Or, nous tenons, sinon à prouver (car ce serait une tâche trop longue et étrangère à notre sujet) du moins à affirmer hautement que l'esprit et les principes de Spinoza sont incompatibles avec ceux du christianisme ; car tandis que les principes de notre philosophe ne mènent qu'à l'indifférence religieuse et à l'égoïsme, ceux du christianisme seuls produisent la vraie grandeur d'âme dans le malheur, l'humilité dans la bonne fortune en tous temps, la charité et le dévouement pour ses semblables, pour ses frères.

[1] Point d'hérétique sans lettre, c'est-à-dire qui ne s'appuie sur des textes.

THÈSES.

I. — Le panthéisme confond la religion et la morale, disant : la religion est essentiellement pratique et non dogmatique.

II. — Nous disons : la religion est un élément de vie, non-seulement de cette vie, mais aussi de la vie future.

III. — La morale est subordonnée à la religion ; car la morale suppose une sanction, et cette sanction, la religion seule nous la garantit.

IV. — Pour le panthéiste, la théologie est moins une science que l'art de prêcher, c'est-à-dire de présenter au public les motifs d'une vie honnête.

V. — Cette vie honnête n'a d'autre raison d'être que les besoins d'ordre et de sécurité de toute société.

VI. — Pour nous, la théologie est la science de la vérité par excellence, de la vérité religieuse, déposée dans des documents écrits (Bible), ou dans la pensée des hommes.

VII. Le panthéisme condamne ou méprise les cérémonies comme indignes d'un esprit bien fait.

VIII. — Pour nous, les cérémonies, les actes liturgiques sont en même temps l'expression et la nourriture de la vie religieuse.

IX. — Ce n'est qu'à cette condition qu'ils auront une influence sur notre salut.

X. — L'élément le plus important du culte devra toujours êtrela prédication.

XI. — Celle-ci ne doit être soumise à d'autres règles qu'à celles qui remplissent le plus sûrement son but : l'instruction et l'édification.

<table>
<tr><td>Vu,</td><td>Permis d'imprimer,</td></tr>
<tr><td></td><td>Strasbourg, le 5 juillet 1869,</td></tr>
<tr><td>Le Président de la soutenance,</td><td>Le Recteur,</td></tr>
<tr><td>SCHMIDT.</td><td>A. CHERUEL.</td></tr>
</table>

OUVRAGES CONSULTÉS.

Œuvres de Spinoza, traduites par M. Émile Saisset, élève et ancien maître de conférences à l'École normale, professeur d'histoire de la philosophie à la Faculté des Lettres de Paris. Avec une introduction critique. Nouvelle édition revue et augmentée. 3 vol. in-8. Paris, Charpentier, 1861.